Julia Nuriakhmetova

Pesquisa cognitiva da fraseologia

Julia Nuriakhmetova

Pesquisa cognitiva da fraseologia

Potencial funcional e cognitivo da fraseologia do nome do verbo inglês

ScienciaScripts

Cover image: www.ingimage.com

Este livro é uma tradução do original publicado sob ISBN 978-3-8433-1516-6.

Publisher:
Sciencia Scripts
is a trademark of
International Book Market Service Ltd., member of OmniScriptum Publishing Group
17 Meldrum Street, Beau Bassin 71504, Mauritius
Printed at: see last page
ISBN: 978-620-2-97687-9

Conteúdos

Introdução

A complexidade do problema do significado fraseomático e a sua organização conceptual pode ser principalmente explicada pelo facto de a fronteira entre as combinações de palavras livres e as unidades fraseológicas não estar claramente definida. As chamadas frases *livres são* apenas relativamente livres, já que a compatibilidade das palavras-componentes é fortemente limitada pela sua valência lexical e gramatical, o que torna pelo menos muitas delas muito próximas de *combinações estáveis*. Há inúmeros casos intermédios entre os extremos da plena motivação e a variedade de componentes de palavras e a falta de motivação combinada com a plena estabilidade dos componentes lexicais e da estrutura gramatical (Ginzburg 1966).

Neste artigo, uma nova perspectiva de consideração do valor fasomático - cognitivo. Nos últimos anos, a categoria de valor da unidade linguística recebeu uma nova interpretação no desenvolvimento activo da linguística cognitiva. A utilização do seu aparelho científico e o desenvolvimento de uma metodologia especial para estudar a organização conceptual e o funcionamento das frases fraseomáticas em vários aspectos parece extremamente promissor.

O estudo foi baseado em dados do Longman Dictionary of Contemporary English (LDCE). O fundo total das frases fraseológicas com nome de verbo inglês analisadas é superior a 2000 unidades.

Целью данного исследования является реконструкция концептуальной организации фразеоматического значения на примере английских глагольно-именных фразеоматических сочетаний. В свою очередь выявление концептуальной организации служит этапом в определении функционально-potencial cognitivo das unidades linguísticas em consideração.

A base teórica para esta dissertação foi o trabalho de diferentes investigadores: no campo da linguística cognitiva - Kubryakova E.S., Demiankova V.Z., Popova Z.D., Sternina I.A., Lakoffa J.; no campo da fraseologia e, em particular, da fraseomática - A.V. Kunina, N.N. Amosova, V.V. Vinogradova, V.L. Dashevskaya, L.A. Uralova, V.M. Kalimullina, A.F. Batyrova, M.A. Grosheva;

O método de reconstrução da organização conceptual baseia-se na interpretação onomasiológica de definições de combinações fraseomáticas, segundo as quais as unidades verbais identificam o conceito, e outras palavras e rótulos identificam os atributos deste conceito.

Este trabalho consiste numa introdução, dois capítulos, uma opinião e uma lista de literatura e dicionários usados.

O primeiro capítulo **"Pré-requisitos teóricos para o estudo da organização conceptual do significado das combinações de palavras fraseomáticas"** dá uma visão geral da literatura linguística sobre questões relacionadas com o desenvolvimento e estado actual da fraseologia, define os pré-requisitos teóricos da perspectiva cognitiva do estudo das combinações fraseomáticas, bem como a definição, classificação e descrição da sua estrutura e semântica.

O segundo capítulo, **"Organização conceptual dos significados das frases fraseomáticas do verbo inglês no dicionário explicativo de inglês"**, estuda o potencial funcional e cognitivo das unidades fraseomáticas do verbo inglês com base numa análise preliminar das suas estruturas conceptuais, reconstruída por uma interpretação onomasiológica destas definições.

Conclui com um resumo do estudo e as conclusões da análise.

A lista de literatura e dicionários representa as fontes literárias e lexicográficas utilizadas na investigação.

Capítulo I **Pré-requisitos teóricos para o estudo da organização conceptual do significado das frases fraseológicas**

§ 1 Unidades fraseológicas como objecto de linguagem

1.1. Principais problemas de fraseologia e sua solução

A fraseologia de qualquer língua é o património linguístico mais valioso, que reflecte a visão do mundo, cultura nacional, costumes e crenças, fantasia e história das pessoas que a falam (Cherdantseva 1996).

Não há unidade entre os linguistas em muitas questões importantes. Estas são as propriedades semânticas dos fraseologismos, a translatabilidade das unidades fraseológicas. A complexidade da fraseologia não se encontra apenas na interpretação multidimensional do próprio termo. É causada pela natureza contraditória das suas unidades: sendo unidades linguísticas, parecem ao mesmo tempo ultrapassar os limites dos recursos linguísticos, pelos seus métodos de educação e designação linguística de fenómenos e objectos da realidade circundante (Alekhine 1979).

Quanto ao âmbito da fraseologia, existem pontos de vista contraditórios dependendo da compreensão da unidade fraseológica: M.I. Fomina acredita que o objecto da fraseologia como ciência são os fraseologistas, que se caracterizam por um conjunto completo de características categóricas básicas distintivas. Tornar-se-ão mais óbvios se uma unidade fraseológica complexa e diversificada for comparada com uma palavra por um lado e uma combinação de palavras por outro (Fomina 1983).

Ao contrário de uma palavra com a sua integridade constante (em termos de composição de sons e morfemas) e unidireccionalidade, a fraseologia é caracterizada pela separação lexical e acentológica. O significado lexical de cada palavra é separado. Refere-se ao objecto, conceito, acção, etc. O significado da fraseologia é sempre expressivo. Não é livre, semanticamente indivisível, porque é um significado total ou parcialmente desmotivado dos componentes das palavras, que já não se chamam palavras, mas componentes, que enfatiza o seu vazio lexical total ou parcial, desemanticização. Tal significado é chamado de fraseológico.

Assim, uma das principais características categóricas e essenciais da fraseologia é a presença de um significado fraseológico expressivo e holístico.

Há semelhanças entre uma palavra e uma unidade fraseológica. Consiste no facto de ambas as unidades serem vistas como prontas; cada palavra e cada fraseologia é caracterizada por uma correlação regular com a mesma parte da fala, ou seja, desempenham funções sintácticas semelhantes.

Muitos linguistas nacionais definem uma unidade fraseológica de diferentes maneiras, chamando-lhe fraseologia, combinação estável de palavras, fraseologia, etc.

V.P. Zhukov considera a fraseologia como uma unidade de linguagem estável e reprodutível formada separadamente, constituída por componentes, dotada de um significado integral (ou menos frequentemente parcialmente integral) e combinada com outras palavras. Ele observa que a fraseologia começa onde termina a realização semântica dos seus componentes (Zhukov 1978).

N.M. Shanskiy acredita que uma viragem fraseológica é uma unidade pronta de dois ou mais componentes percussivos de carácter verbal, fixos em valor, composição e estrutura (Shanskiy 1972).

Existem muitas outras definições de uma unidade fraseológica e todas são semelhantes na medida em que a reconhecem como uma entidade sustentável, embora a sustentabilidade seja entendida de forma diferente. A.V. Kunin distingue os seguintes tipos de estabilidade de uma unidade fraseológica:

1) estabilidade de utilização, ou seja, o facto de a fraseologia ser uma unidade de linguagem e não uma educação individual. Um indicador deste tipo de micro-resistência é a reprodução sob a forma acabada;

2) структурно-семантическая устойчивость, т.е. фразеологическая единица состоит из не менее чем двух слов, является раздельнооформленным образованием и не обладает типовым значением, т.е. не может служить образцом для создания аналогичных фразеологических единиц по структурнodo modelo semântico;

3) A estabilidade semântica manifesta-se no facto de que para todas as normas e mudanças estruturais e lexicais ocasionais de uma unidade fraseológica, todas as suas

variantes têm alguma invariância semântica e lexical;

4) estabilidade lexical, ou seja, total inexchangeability dos componentes ou possibilidade de substituição normativa dos componentes apenas no quadro da variabilidade fraseológica (Kunin 1974).

A.V. Kunin conclui que a estabilidade de uma unidade fraseológica é um volume de diferentes tipos de microestabilidade inerente à mesma. Consequentemente, define uma unidade fraseológica como uma combinação estável de lexemes com valor total ou parcialmente repensado. Esta definição de unidade fraseológica é aceite por muitos linguistas como uma unidade de trabalho e é utilizada por eles como ponto de partida no desenvolvimento da teoria da fraseologia.

1.2. Fraseologia: os seus limites e volume

A Frazeologia é a ciência das unidades fraseológicas, ou seja, combinações estáveis de palavras com semântica complicada que não são formadas pela geração de modelos estruturalmente semânticos de combinações variáveis (Kunin 1986).

O termo "fraseologia" tem duas definições: a secção de linguística que estuda a composição fraseológica da língua no seu estado moderno e desenvolvimento histórico; o conjunto de fraseologismos desta língua (Yartseva 1990).

O tema da fraseologia como secção da linguística é o estudo da natureza das fraseologias e das suas características categóricas e a identificação de padrões do seu funcionamento na fala.

A fraseologia é um fenómeno extremamente complexo; o seu estudo requer o seu método de investigação e o uso de outras ciências - lexicologia, gramática, estilística, fonética, história da linguística, história, filosofia, lógica e estudos de país. A fraseologia estuda a especificidade da fraseologia como sinal do ensino secundário, em particular - como produto de um tipo especial de nomeação secundária - indirecta, representada por vários tipos de interacção sintagmática de palavras-componentes nos processos de reformulação e formação de um novo significado da combinação original ou de uma única palavra. A fraseologia também estuda as peculiaridades da função gestual dos fraseologismos, o seu significado, a sua especificidade estrutural e semântica, manifestada nas principais características da fraseologia - estabilidade e reprodutibilidade, explora a natureza dos componentes dos fraseologismos, a sua estrutura sintáctica e morfológica, a natureza das ligações sintácticas com outras unidades de linguagem e formas de implementação na fala, a natureza das restrições nas modificações, possíveis para análogos gratuitos da fraseologia. Uma tarefa especial da fraseologia é estudar o sistema de ligações tanto entre os idiomas como entre os idiomas e o sistema linguístico geral das unidades significativas - principalmente as palavras.

Исследуется специфика estilístico funcional дифференциации фразеологизмов и соотношения нейтральных для языка лексических способов номинации и экспрессивно окрашенных наименований фразеологического характера. Одной из задач фразеологии также является изучение процессов фразообразования в их номинативном и коммуникативно-aspectos funcionais, e descrição da derivação fraseológica - a formação de novos significados de palavras com base nos valores da fraseologia.

A Frazeologia desenvolve princípios de selecção de unidades fraseológicas, métodos de estudo, classificação e descrição em dicionários.

A grazologia está associada a estudos de história e literatura, não principalmente a disciplinas linguísticas: lexicologia, semântica, gramática, fonética, estilística, história da língua e linguística. As unidades fraseológicas são compostas por palavras, enquanto que a palavra é o tema principal da lexicologia. A teoria do significado léxico, desenvolvida em semântica, ajuda a revelar as características semânticas das unidades fraseológicas e a definir diferentes tipos de significado fraseológico. A morfologia ajuda a compreender o que se perde e o que se omite deliberadamente, porque uma palavra numa unidade fraseológica nem sempre perde as suas características morfológicas. A sintaxe é importante para determinar as características gramaticais das unidades fraseológicas, a sua estrutura gramatical e função. A fonética determina a diferente pronúncia de uma palavra numa unidade fraseológica. Estilística faseológica, estudando as possibilidades estilísticas das unidades fraseológicas, com base na experiência da estilística lexical. A história da linguagem e da etimologia são necessárias para a análise etimológica das unidades fraseológicas. Por sua vez, a fraseologia enriquece todas as disciplinas acima referidas, graças às características do tema de estudo.

As unidades fraseológicas (fraseologistas) preenchem as lacunas do sistema léxico da língua, que não pode fornecer completamente o nome de todos os lados da realidade, e são muitas vezes os únicos sinais deles. Quando uma fraseologia tem um sinónimo lexical, geralmente diferem em termos estilísticos. A thrazeologia é um tesouro de linguagem. Os thrazeologismos reflectem a história do povo, a originalidade da sua cultura e da sua vida quotidiana. Os trazeologismos são frequentemente de natureza vividamente nacional. A par dos fraseologismos puramente nacionais, a fraseologia inglesa tem muitos fraseologismos internacionais. A fundação fraseológica inglesa é um conglomerado complexo de fraseologia nativa e emprestada com óbvio domínio da primeira.

Os thrazeologismos são unidades de linguagem altamente informativas, não podem ser considerados como "decorações" ou "excessos". Os trazeologismos são um dos universais linguísticos, uma vez que não há línguas sem fraseologismos. A fraseologia inglesa é muito rica e tem uma longa história.

Os thrazeologismos são grupos semanticamente relacionados de palavras que se formam fora das regras gerais de selecção e combinação de palavras. O termo "unidade fraseológica" denota vários tipos semanticamente diferentes de expressões: ***os idiomas*** caracterizam-se pela falta de motivação e têm uma função nominal integral; os ***provérbios e ditados são formados*** em ***palavras*** folclóricas e ***aladas*** - expressões aforísticas, geralmente pertencentes a um autor específico ou a alguma fonte literária anónima.

É de notar que as opiniões de diferentes autores sobre o termo "unidade fraseológica" não coincidem. Por exemplo, I.V. Arnold prefere o termo "expressões estáveis" como consequência da incerteza dos termos "fraseologia" e "língua" aceites na linguística do nosso país. Há muitas opiniões sobre a definição, classificação, descrição e análise desta parte do vocabulário. Além disso, não há dois investigadores cujas opiniões sobre a terminologia utilizada são as mesmas. A palavra "fraseologia", por exemplo, tem significados diferentes no nosso país, no Reino Unido e nos EUA.

Na literatura linguística russa este termo é utilizado para todo o grupo de expressões em que o significado de um elemento depende do outro, independentemente da estrutura e propriedades da expressão (V.V. Vinogradov); de acordo com outros autores, define apenas tais expressões estáveis que, ao contrário dos idiomas, não têm expressividade ou coloração emocional (A.I. Smirnitsky). N.N. Amosova supera a subjectividade das definições acima referidas insistindo em aplicar este termo apenas a expressões que ela chama "unidade com um contexto estável", ou seja, unidade onde é impossível substituir qualquer dos componentes "sem alterar o significado não só de toda a expressão, mas também dos elementos da expressão que permaneceram inalterados". A.V. Kunin destaca a peculiaridade estrutural dos elementos da unidade fraseológica, a alteração do significado do todo, por oposição aos seus elementos tomados separadamente, e determina o grau de estabilidade.

Na linguística inglesa e americana o significado do termo "fraseologia" difere significativamente do significado adoptado na linguística doméstica. O conceito de "fraseologia" é estilístico, significando "modo de expressão, escolha de palavras, estilo" (New Webster's Dictionary of the English Language / Delhi, 1989).

A palavra "língua" é ainda mais polisemântica. O inglês utiliza-o para definir a forma como a língua se expressa, sem distinguir entre os níveis gramaticais e lexicais. Pode também significar um grupo de palavras cujo significado é difícil ou impossível de compreender, conhecendo o significado de palavras individuais. Além disso, "língua" pode significar uma palavra sinónima "língua" ou "dialecto", indicando uma forma de expressão característica de um povo, país, região ou uma pessoa.

O termo "expressão estável", pelo contrário, é mais definido e claro, uma vez que o primeiro elemento destaca a característica mais importante destas unidades, a saber, a sua estabilidade e certeza.

Alguns linguistas classificam a fraseologia como um vocabulário de uma língua, mas a fraseologia faz parte da lexicologia, principalmente porque as unidades fraseológicas são consideradas equivalentes às palavras e a lexicologia como uma disciplina que estuda as palavras e os seus equivalentes. É por isso que a teoria da equivalência da fraseologia à palavra merece uma consideração mais detalhada. Charles Bally observou que uma característica comum de todas as unidades fraseológicas é a possibilidade ou impossibilidade de a substituir por uma única palavra, a que chamou "identificador de palavra" (Bally 1905).

Esse ponto de vista é bastante controverso. A integração semântica de uma unidade fraseológica não pode ser definida desta forma, uma vez que algumas expressões podem ter palavras-sinónimos. Por exemplo: ***olhar fixamente*** - *para olhar **fixamente**,* etc. Além disso, muitas unidades fraseológicas não têm identificadores de palavras e só podem ser definidas com outra combinação de palavras, por exemplo: ***beber como um peixe*** - *beber demasiado,* etc. Deve também notar-se que provérbios e ditados, ou seja, unidades fraseológicas que têm a estrutura de ***uma*** frase, só podem ser definidos com a ajuda de uma frase, por exemplo: *pessoas que têm o mesmo interesse, ideias, etc., são atraídas umas pelas outras e ficam próximas umas das outras.*

O termo "equivalente a palavras" pertence a L.V. Scherba. Ele observou que tais combinações de palavras denotam um conceito e são um potencial equivalente a palavras (Scherba 1915).

As relações entre as unidades fraseológicas verbais e os seus sinónimos lexicais - palavras-identificadores - foram investigadas no jornal, onde foram reveladas diferenças significativas entre elas (Rudenko 1981). Sabe-se que as unidades fraseológicas e os seus sinónimos lexicais expressam o mesmo significado de formas diferentes, ou seja, têm diferentes tipos de nomeações. As palavras são utilizadas no seu significado literário, o que é típico para o tipo primário de nomeação, e as unidades fraseológicas pertencem ao tipo secundário de nomeação.

Linguistas destacados, académicos F.F. Fortunatov, A.A. Chess e outros prepararam o terreno para a análise sintáctica de expressões estáveis. Muitos linguistas russos expressaram grande interesse nos aspectos teóricos do problema como um todo, bem como nas suas partes individuais. Um ramo especial da linguística - a fraseologia - apareceu no nosso país. As teorias mais notáveis foram desenvolvidas por V.V. V. Vinogradov e B. A. Larin. Quanto à língua inglesa, o número de obras sobre a sua fraseologia é mesmo impossível de calcular. Basta dizer que existe um dicionário inglês-russo de fraseologia de A.V. Kunin, complementado por artigos de N.N. Amosova e A.V. Kunin.

A abordagem de B.A. Larina diachronichen. A sua classificação reflecte três fases sucessivas, que passam por uma expressão constante no processo de desenvolvimento. Na primeira fase, trata-se simplesmente de uma combinação de palavras livre. Na segunda fase, é já uma expressão metafórica motivada de estereótipos. Na terceira fase, é uma expressão idiomática com motivação perdida. O significado de uma expressão torna-se claro para o ouvinte não como um conjunto de valores dos seus elementos, mas como o significado de toda a expressão como um todo.

Académico V.V. Classificação. A Vinogradova é síncrona. Os seus artigos sobre a fraseologia russa tiveram um enorme impacto nos linguistas, tanto no nosso país como no estrangeiro. A sua classificação baseia-se na motivação das unidades fraseológicas, ou na relação entre a expressão e o significado dos seus componentes. O grau de motivação está correlacionado com a estabilidade, indivisibilidade e coordenação semântica da expressão, ou seja, com a possibilidade de forma ou ordem dos componentes e a substituição de toda a expressão por uma palavra. De acordo com a motivação e outros atributos, as unidades fraseológicas dividem-se em três tipos: ligações fraseológicas, unidade fraseológica e combinações fraseológicas. As articulações **fraseológicas**, ou **expressões idiomáticas,** como o nome sugere, representam o mais alto grau de fusão. O significado dos componentes é totalmente absorvido pelo significado de toda a expressão, a sua expressividade e propriedades emocionais. Por exemplo: ***burocracia*** - *burocracia,* ***para mastigar o trapo*** - *para tagarelar.* As fusões fraseológicas são específicas em cada língua e não se prestam à tradução literária para outras línguas.

A **frase unidade biológica é** mais numerosa. Eles estão claramente motivados. A qualidade emocional é baseada numa imagem metafórica criada pela expressão como um todo. Por exemplo: ***lavar a roupa suja em público, para mostrar os dentes***. Outra característica das expressões deste tipo é a possibilidade de substituição sinónima sem alterar o significado de toda a expressão, que, no entanto, pode ser muito limitada. Algumas destas expressões podem ser facilmente traduzidas e são mesmo internacionais: ***conhecer a forma como o vento sopra*** - *saber onde* ***o vento sopra.***

O terceiro grupo nesta classificação é constituído por combinações fraseológicas que não só são motivadas, como também contêm um componente utilizado no seu significado directo, enquanto o outro é utilizado metaforicamente: ***para satisfazer os requisitos***. A mobilidade das expressões deste tipo é muito mais elevada do que a dos tipos anteriores. Para combinações fraseológicas, podem ser seleccionadas substituições que não destruam o significado do elemento metafórico: ***para satisfazer a necessidade, a exigência***. Tais substituições não são sinónimas, e o significado de toda a expressão muda, enquanto que o significado do verbo permanece inalterado.

A fraqueza desta classificação foi notada por vários investigadores. Ao tentar aplicá-lo à língua inglesa, devem ter-se em mente certas limitações. V.V. Vinogradov incluído nos seus provérbios de classificação, termos técnicos de dois membros e combinações estereotipadas que não mostram mudanças contextuais no significado. E finalmente, esta classificação carece de uma base teórica geral, e sendo desenvolvida para a fraseologia russa, não reflecte as características específicas da língua inglesa.

O Professor A.I. Smirnytsky considera que uma unidade fraseológica é semelhante a uma única palavra na medida em que a relação entre as suas partes é idiomática, pelo que tem uma integridade semântica significativa e está incluída na fala como uma unidade. Ele considera a diferença entre uma unidade lexical (palavra) e uma unidade fraseológica como estrutural e usa o termo "separatividade" para denotar a falta de integridade estrutural. Ele distingue três classes de combinações de palavras: **combinações de palavras tradicionais** que, repetidas muitas vezes na fala, não são representadas por equivalentes de palavras. O significado das combinações tradicionais de palavras é derivado da soma dos seus valores componentes, por exemplo: ***punhos cerrados*** - ***punhos*** *comprimidos*, ***esboço*** - *esboço, esboço;* ***encolher os ombros*** - ***encolher os ombros***. *A* idiomática é a principal característica das **unidades fraseológicas**, o que as distingue da combinação de palavras durante a fala. As unidades fraseológicas são constantemente utilizadas na fala inglesa e são parte integrante do tecido básico da língua. São desprovidos de figuratividade e de metáforas. Se existe uma imagem subjacente a uma unidade fraseológica, ela é apenas em termos de origem. Exemplos de expressões desta classe são: ***levantar-se*** - ***levantar-se*** *(acordar),* ***apaixonar-se*** - ***apaixonar-se,*** *ficar* ***surpreendido*** - *ficar* ***surpreendido,*** etc. **As**

expressões idiomáticas baseiam-se na transferência de significados, uma metáfora claramente compreendida pelos oradores. Caracterizam-se por uma coloração estilística brilhante, saturação emocional, afastamento do estilo neutro. Por exemplo: ***levar o touro pelos cornos*** - *levar o* ***touro pelos cornos; lavar o linho sujo em público*** - ***tirar a sujidade*** *da cabana;* ***pescar em águas turvas*** - ***pescar em águas*** *lamacentas.*

Apenas a segunda classe de combinações de palavras - unidades fraseológicas - foi analisada e classificada em detalhe; a classificação mais detalhada é bastante aleatória e contém critérios estruturais, estilísticos e semânticos. Esta classificação tem tido muito menos impacto do que a classificação da V.V. A classificação de Vinogradov, contudo, na sua abordagem a combinações estáveis de palavras pode ser muito útil, uma vez que as características mais importantes da língua inglesa são aqui assinaladas.

Encontramos um entendimento diferente das unidades fraseológicas nas obras de N.N. Amosova. Ela destaca dois tipos de unidades fraseológicas, ou seja, frases e expressões idiomáticas (Amosova 1963). As **frases** são unidades de contexto constante, onde o índice mínimo necessário para actualizar um determinado significado de uma palavra semanticamente realizada é a única possível, constante, por exemplo: ***chá de vaca, para tricotar as sobrancelhas, geada preta***. O segundo componente é o índice mínimo para o primeiro. Deve-se notar que a compatibilidade única em muitas frases é extremamente instável e passam facilmente para variáveis combinadas de palavras. A própria N.N. Amosova também admite que as frases são a parte mais fluida do fundo fraseológico (Amosova 1964). **Os idiomas**, em oposição às frases, são unidades de contexto constante onde o índice mínimo e o elemento realizável semanticamente constituem normalmente uma identidade e ambos são representados pela composição lexical comum da combinação de palavras. Os idiomas são caracterizados por um significado holístico, por exemplo: ***burocracia*** - *burocracia - burocracia, burocracia;* ***brincar com o fogo*** - *brincar com o fogo,* etc. N.N. Amosova também destacou fraseologismos de previsão parcial - voltas, que contêm um membro gramaticalmente líder - um antecedente, e uma unidade de previsão dependendo dele, por exemplo: ***ver como está a terra*** - *para descobrir como estão as coisas; para* ***passar na noite*** -

reuniões fugazes, etc. N.N. Amosov não inclui voltas estáveis com uma estrutura totalmente preditiva na sua fraseologia. N.N. Amosova baseou a sua classificação apenas num princípio, que era um inconveniente ou, como nota S.G. Gavrin, um "ponto vulnerável" do seu conceito, uma vez que reduz toda a variedade de fenómenos fraseológicos a um factor - a compatibilidade fraseológica (Gavrin 1974).

A.I. Yefimov tem a mais ampla compreensão do volume da fraseologia. Ele remete expressões idiomáticas, provérbios, provérbios, aforismos de escritores, linhas aladas de poemas, fórmulas estáveis, voltas de carácter científico e técnico para os meios fraseológicos da linguagem (Yefimov 1961).

S.G. Gavrin compreende amplamente o âmbito da fraseologia, que é adequada ao sistema fraseológico do ponto de vista da cumplicidade funcional e semântica (Gavrin 1974). S.G. Gavrin conseguiu criar uma classificação coerente de fraseologismos em russo moderno.

Sobre o exemplo das voltas fraseológicas do modelo "verbo + substantivo" na língua russa, N.M. Shansky distingue três tipos de relações semânticas do verbo e do substantivo dentro dos limites das voltas fraseológicas: 1) o verbo e o substantivo são semanticamente iguais, e ambos são semânticos ***(bater a beringela, pôr a libélula, sentar-se numa poça,*** etc.).); 2) o substantivo é usado como componente formadora de sentido da revolução, enquanto o verbo é lexicalmente vazio e serve apenas para expressar significados puramente gramaticais; 3) a componente formadora de sentido da revolução é um verbo, um substantivo ou uma palavra semanticamente vazia que tem um carácter puramente expressivo *(para assentar /* ***para resolver disparates, etc.),*** ou actua como uma morfologia peculiar *(para fechar / para fechar* ***os olhos****).*

O primeiro tipo da relação de significado entre um verbo e um substantivo é observado em combinações fraseológicas e unidades fraseológicas, o terceiro tipo é característico para combinações fraseológicas. Quanto ao segundo, encontra-se em tais combinações fraseológicas de diferentes semelhanças semânticas, que são "perifrásticas" de verbos simples contendo um substantivo da mesma raiz que o verbo correspondente ***(lidar/referência, olhar/visar, etc.***).

Assim, a complexidade excepcional do objecto de pesquisa - as unidades fraseológicas - explica os diferentes pontos de vista a que os linguistas aderem na determinação das unidades fraseológicas, a sua classificação. De grande importância é o ângulo a partir do qual um cientista aborda a classificação de unidades fraseológicas. Para A.I. Smirnytsky um dos parâmetros mais importantes da fraseologia é a equivalência da fraseologia à palavra, para N.N. Amosova - tipo de contexto constante, para S.G. Gavrin - cumplicidade funcional-semântica. A.I. Smirnitsky e N.N. Amosova caracterizam-se por uma compreensão estreita do alcance da fraseologia, e para S.G. Gavrin - por uma ampla.

1.3 Fraseomática: definição e significado fraseomático

Ao estudar diferentes classificações de unidades fraseológicas, deve ser dada especial atenção à classificação proposta por A.V. Kunin. A peculiaridade desta classificação é que A.V. Kunin acredita que a fraseologia consiste em três secções: **linguística**, **idiophraseomatica** e **fraseomática**. Esta classificação inclui a classificação proposta pela V.V. Vinogradov, clarifica-o e complementa-o. A necessidade de uma nova classificação surgiu devido ao facto de a fraseologia inglesa não se enquadrar nas três classes de fraseologia identificadas por V. V. Vinogradovym.

A idiomática inclui unidades fraseológicas ou expressões idiomáticas reais, ou seja, combinações estáveis de lexemas com significado total ou parcialmente reinterpretado.

Idiofraze-omatic inclui unidades idiofraze-omatic, ou seja, combinações estáveis de palavras, na primeira fraseosemânticas cujos componentes têm valores literais, mas complicados, e na segunda fraseosemânticas - completamente reconsideradas. Por exemplo: ***reacção em cadeia*** *1) reacção em cadeia (termo científico); 2) reacção em cadeia (variante idiomática totalmente reinterpretada).* A segunda variante - repensar a primeira, que é o seu protótipo. Repensar é de natureza metafórica.

A fraseomática inclui unidades fraseomáticas de carácter não idiomático, mas com um significado complicado.

Com base nesta divisão, os linguistas distinguem três tipos de valor fraseológico: valor idiomático, valor idiomático e valor fraseológico. Estes tipos de valor fazem parte do microsistema fraseológico da língua, o que permite determinar as suas variedades de acordo com as características estruturais e semânticas das unidades fraseológicas de cada classe.

O termo "significado fraseológico" foi sugerido em 1964 independentemente por dois autores (Arkhangelsky 1964, Kunin 1964). A justificação do significado fraseológico como categoria linguística é complicada pelo facto de existirem diferentes compreensões de uma unidade fraseológica, da sua composição componente e do volume da fraseologia.

A noção de significado fraseológico será mais justificada e desligada do significado lexical se tivermos também em conta as peculiaridades da construção de uma unidade fraseológica: "... parece necessário fazer uma tentativa de encontrar características diferenciadoras comuns de diferentes tipos de significado linguístico, pois caso contrário o linguista enfrentará constantemente o perigo de misturar fenómenos linguísticos de ordem diferente ou de reconhecer realmente uma base semântica única e homogénea para todos os elementos estruturais da língua" (Zvegintsev 1957).

O valor fraseológico não pode ser realizado fora de certas estruturas. Existem sete tipos estruturais principais de fraseologia em inglês.

1. Unidades fraseológicas de núcleo único, ou seja, revoluções constituídas por um lexeme significativo e um lexeme de serviço ou um lexeme de serviço significativo e dois ou três lexemes de serviço *(**em geral,** todos; **a propósito** - a propósito; **fora do caminho** - remoto).* Por lexemes de serviço entendemos lexemes que não funcionam como membros independentes de uma frase e servem para ligar palavras numa frase (preposições, uniões), bem como para caracterizar números, certeza ou incerteza dos substantivos (artigos).

2. Unidades fasiológicas com a estrutura de subjugação ou composição da palavra combinação *(**queimar os dedos** - **queimar os dedos** em algo; **alto e poderoso** - os poderes deste mundo).*

3. Unidades fraseológicas com estrutura parcialmente preditiva *(lexema + sentença do apêndice), **que passam na noite** - reuniões fugazes.*

4. Unidades fraseológicas com estrutura de frases apensas: ***quando os porcos voam*** - *"quando **os porcos** voam", nunca.*

5. Unidades fraseológicas nominativas-comunicativas, ou seja, o verbo gira com a estrutura da palavra combinação com o verbo no infinitivo e com a estrutura da frase com o verbo na voz passiva ***(para quebrar o gelo - o gelo é quebrado)***.

6. Unidades fraseológicas com uma estrutura de frases simples ou complexa ***(aves de bandos de penas juntas - um pescador pode ver qualquer verde nos meus olhos** de longe?* **-** *Pareço-vos tão crédulo?* ***Raios vos partam!*** *- raios partam! raios partam!).*

7. Equivalentes da proposta, ou seja, alguns tipos estruturais de voltas intermódulos com o poder da fala e caracterizados por uma entonação independente ***(por George! -*** *Deus vê!, honestamente!;* ***o meu pé!*** *- era nisso que eu acreditava!; - que se lixe!, que se lixe a careca!).* A atribuição de interjeições deste tipo estrutural aos equivalentes da sentença não é indiscutível, tal como evidenciado pela declaração de V.V. Vinogradov: "A questão de saber se e como interjeições de uma frase formam e podem formar e se são "propostas de palavras" continua a ser objecto de vivo debate entre os sintaxistas" (Vinogradov 1947).

O conceito de "informação invariável" é importante para definir o significado fraseológico. I.S. Narsky compreende pela invariância da invarnação "o que é persistentemente preservado durante a transformação da informação". (Narsky 1969).

O significado fraseológico é uma invariância de informação expressa por unidades linguísticas semanticamente complicadas, formadas separadamente, não formadas pela geração de modelos estruturalmente semânticos de combinações de palavras variáveis (Kunin 1986).

Esta compreensão do significado fraseológico permite definir as suas três variedades principais: significado idiomático, valor idiomático e valor fraseológico.

O valor idiomático é uma invariância de informação expressa por unidades linguísticas separadas com valores total ou parcialmente reinterpretados.

O valor idiophraseomatic é uma invariância de informação expressa por unidades linguísticas separadas, algumas das quais têm significados literais mas complicados, enquanto outras, sendo suas derivadas, são completamente repensadas.

A frase valoromático é uma invariância de informação expressa por unidades linguísticas separadas com um significado pouco razoável mas complicado.

§ 2 A língua como objecto de estudo da linguística cognitiva

A linguística cognitiva é um ramo do funcionalismo linguístico que acredita que a forma linguística é derivada das funções linguísticas. É dada especial importância às funções cognitivas e assume-se que outras funções são derivadas delas ou reduzidas a elas. O foco da linguística cognitiva é a linguagem como um mecanismo cognitivo universal.

Abordagem cognitiva da linguagem - a crença de que a forma da linguagem é, em última análise, um reflexo das estruturas cognitivas, ou seja, as estruturas da consciência humana, do pensamento, da cognição. Entre os fenómenos cognitivos mais importantes que determinam a forma da linguagem estão: estruturas de representação do conhecimento, categorização natural, memória a longo prazo, RAM, atenção, activação.

É importante notar que, de acordo com a interpretação da informação do paradigma do funcionalismo, uma variedade de conceitos cognitivos está a desenvolver-se no Ocidente. Existe uma ligação significativa entre a solução teórica do problema da "psique (consciência, conhecimento, cognição) e do cérebro" e o desenvolvimento específico dos problemas de inteligência artificial. É óbvio que em condições modernas o paradigma do funcionalismo cria os pré-requisitos teóricos e metodológicos gerais mais adequados para o desenvolvimento de uma investigação cognitiva abrangente em linguística.

A esfera de interesses vitais da linguística cognitiva inclui bases "mentais" de compreensão e produção da fala em termos de como as estruturas do conhecimento linguístico são apresentadas e participam no processamento da informação (Kubryakova 1994).

Ao contrário de outras disciplinas do ciclo cognitivo, a linguística cognitiva considera estas, e apenas as estruturas e processos cognitivos característicos do indivíduo como homo loquens. Nomeadamente, em primeiro plano, há uma descrição e explicação sistemática dos mecanismos da aprendizagem humana da língua e dos princípios de estruturação desses mecanismos. Surgem as seguintes questões (Felix, Kanngiesser, Rickheit 1990):

1. Representação dos mecanismos mentais da aprendizagem de línguas e dos princípios da sua estruturação: será suficiente limitar-se a uma única representação - ou será que estes mecanismos devem ser apresentados no âmbito de diferentes representações? Como é que estes mecanismos interagem? Qual é a sua estrutura interna?

2. A produção. A questão principal é: a produção e a percepção são baseadas nas mesmas unidades do sistema ou têm mecanismos diferentes? Além disso, os processos que compõem a produção da fala funcionam em paralelo ou sequencialmente ao longo do tempo?

3. A percepção cognitiva é explorada um pouco mais activamente do que a produção da fala, que é outra manifestação do interpretacionismo. A este respeito, a questão é: Qual é a natureza dos procedimentos que regulam e estruturam a percepção linguística? Que conhecimentos são activados através destes procedimentos? O que é a organização da memória semântica? Qual é o papel desta memória na percepção e compreensão da fala?

Na linguística cognitiva é aceite que os processos mentais não se baseiam apenas em representações, mas também correspondem a certos procedimentos - "computação cognitiva". Para outras "disciplinas cognitivas" (especialmente a psicologia cognitiva), as conclusões da linguística cognitiva são valiosas na medida em que nos permitem compreender os mecanismos destes mesmos cálculos cognitivos em geral.

Assim, a tarefa central da linguística cognitiva é formulada como uma descrição e explicação da estrutura cognitiva interna e da dinâmica do falante-ouvinte. O orador-ouvinte é visto como um sistema de processamento de informação que consiste num número finito de componentes independentes e correlacionando a informação linguística a vários níveis. O objectivo da linguística cognitiva é investigar tal sistema e estabelecer os seus princípios mais importantes, não apenas para reflectir sistematicamente os fenómenos linguísticos.

Alguns linguistas (por exemplo, generativistas) acreditam que o sistema linguístico forma um módulo separado, fora dos mecanismos cognitivos gerais. Na maioria das vezes, porém, a actividade linguística é vista como um dos modos de "cognição", que forma a ponta do iceberg, com base em capacidades cognitivas que não são puramente linguísticas, mas fornecem os pré-requisitos para estas últimas. Estas capacidades incluem: a construção de imagens e a conclusão lógica baseada nelas, a aquisição de novos conhecimentos com base na informação existente, a elaboração e implementação de planos. V.Z. Demjankov formulou o seguinte máximo: "Evite falar sobre algo que contorne o cognitivo humano" (Demjankov 1994).

Assim, enquanto ciência empenhada no estudo da linguística cognitiva e dos aspectos cognitivos dos fenómenos léxicos, gramaticais, a ciência cognitiva concentra-se no conhecimento linguístico na cabeça humana e interage com a psicologia cognitiva na análise da memória verbal, léxico interno, geração, percepção, compreensão da fala, como e de que forma as palavras criadas pelas estruturas do conhecimento humano. A análise da forma como a base de conhecimentos do indivíduo é expressa por vários meios linguísticos na fala e o impacto na consciência e compreensão do discurso é do maior interesse. Centrando-se nos processos de geração e cognição da fala, a ciência cognitiva trata da área onde o processo de produção da fala está indissociavelmente ligado aos processos que ocorrem na nossa memória. Além disso, é necessário ter em conta o "conhecimento de base", que, na opinião de O.S. Akhmanova, representa "o conhecimento mútuo das realidades para o orador e o ouvinte, que é a base da comunicação linguística" (Akhmanova 1977). A observação do comportamento das unidades linguísticas no processo de produção da fala e a influência de factores cognitivos e pragmáticos são o objectivo do estudo da abordagem funcional, que é considerada como uma tentativa de uma análise mais volumosa dos fenómenos linguísticos.

2.1. Bases teóricas da descrição cognitiva da semântica combinações fraseomáticas

A categoria básica da semântica cognitiva é um conceito que pode actuar como entidades mentais de diferentes volumes e diferentes propósitos funcionais. Os conceitos formam a base de informação do quadro mundial, desempenhando um papel primordial na formação do fundo de conhecimento individual e na transmissão de informação. É através dos conceitos de *estereótipos de consciência que* a actividade do pensamento humano é levada a cabo. Este termo começou a ser utilizado nos trabalhos dos linguistas russos relativamente recentemente, apesar de já em 1928 S.A. Askoldov-Alexeev no seu artigo "O Conceito e a Palavra" utilizar a designação do *conceito,* definindo-o como uma formação mental, que nos substitui no processo de pensar um conjunto indefinido de assuntos do mesmo género. S.A. Askoldov-Alexeev enfatiza a heterogeneidade das funções de pensamento do conceito: o conceito nem sempre é um substituto para os verdadeiros sujeitos. Pode ser um substituto para alguns aspectos de um objecto ou acções reais, tais como o conceito de "justiça". Finalmente, pode ser um deputado de várias funções puramente de pensamento. Estes são, por exemplo, conceitos matemáticos. O próprio conceito de Askoldov-Alexeev define como um vislumbre instantâneo e elusivo de algo na consciência, como os botões das inflorescências mais complexas das especificidades do pensamento (Askoldov-Alexeev 1997). Originalmente "conceito" era entendido como sinónimo da palavra "conceito". Em "Thesaurus on Theoretical and Applied Linguistics" de S.E. Nikitina os sinónimos "conceito" e "sinal" são indicados para o termo "conceito"; para a designação "campo de conceito" é a palavra combinação de palavras "campo conceptual" (Nikitina 1987). E.M. Mednikova usa a palavra "conceito" na definição do sistema léxico, dando-lhe o mesmo significado. O vocabulário não é apenas um certo número de conceitos expressos por unidades correspondentes, assim como a palavra não é apenas uma combinação de algum som com algum conceito. Uma palavra é um único todo (Mednikova 1974). Gradualmente os termos "conceito" e "conceito" começaram a diferenciar-se. Actualmente, não há dúvida de que as palavras mencionadas não são iguais. Como Yu.S. Stepanov explica, um conceito existe no mundo mental humano não sob a forma de conceitos claros mas como um *feixe de* ideias, conceitos, conhecimentos, associações, experiências, que acompanha a palavra (Stepanov 1998).

A descrição detalhada da estrutura e conteúdo do conceito é dada no "Brief Dictionary of Cognitive Terms" (Kubryakova 1998). "Conceito" é definido como uma unidade operativa e substancial de memória, léxico mental, sistema conceptual de linguagem e cérebro (lingua mentalis), o quadro completo do mundo reflectido na psique humana. É enfatizado que o conceito de "conceito" corresponde à ideia daqueles significados, que são operados por um homem nos processos de pensamento e que reflectem o conteúdo da experiência e do conhecimento, o conteúdo dos resultados de toda a actividade humana e processos de cognição do mundo sob a forma de alguns "quanta" de conhecimento. O conceito é tratado como alguma essência cognitiva básica, que permite ligar o significado à palavra usada (Richard 1998), como uma unidade substancial do processo de conceptualização, através da qual a realidade se refrai na cabeça humana.

L.M. Zainullina dá uma descrição detalhada e completa da estrutura do conceito. O autor oferece uma tipologia composta de conceitos baseada nas classificações de J. Lakoff, J. Taylor, E.S. Kubryakova, A.P. Babushkin, Z.D. Popova, I.A. Sternin, N.N. Boldyreva e inclui conceitos - noções, que são objectivadas principalmente por unidades lexicais de semântica específica (branco, redondo, pardal, aleijado, guaxinim): um conceito-conceito representado por um esquema espacial-gráfico ou de contorno generalizado; um conceito-conceito constituído pelas características mais gerais de um objecto ou fenómeno, o resultado da sua reflexão e compreensão racionais; uma moldura - um conceito multicomponente concebível no conjunto dos seus componentes, uma representação volumétrica, algum conjunto de conhecimentos padrão sobre um objecto ou fenómeno (compras, hospital, restaurante); cenário (guião) - uma sequência de vários episódios no tempo e no espaço como uma sequência de episódios separados, etapas, elementos (jogo, digressão, assistência à igreja); estruturas proposicionais (proposições), nas quais são seleccionados os predicados e argumentos básicos (agente, paciente, beneficiário, instrumento, etc.).д.). Como se afirma no artigo, os conceitos estão divididos em estáveis e instáveis, verbalizados e ocultos, de nível único, multinível e segmentar (Zainullina 2003).

O conceito determina o potencial semântico de uma unidade linguística antes da sua implementação na fala, obtendo uma representação concisa ou detalhada em diferentes lexemes. Um Conceito tem uma estrutura dinâmica logicamente organizada que consiste numa fonte, elemento base e elementos relacionados através do valor prototípico de elementos derivados (Ryabtseva 1991). O termo "conceito" inclui um conteúdo tridimensional e multinível que "transmite conhecimento do que se entende por todas as suas relações e relações". O conceito é precedido ontologicamente pela categorização, que cria uma imagem típica e forma um "protótipo" (Telia 1996). Aparentemente, pode ser reconstruída com base em dados lexicográficos.

O conceito de "conceito" refere-se ao "quanta" de conhecimento, que uma pessoa opera no processo de pensar, e inclui informação sobre o conceito denotado em todas as suas ligações e relações. Os conceitos reduzem a variedade de fenómenos observados e imaginados a algo unificado, trazendo-os sob uma única rubrica; permitem manter o conhecimento sobre o mundo e acabam por ser elementos de construção do sistema conceptual, facilitando o processamento da experiência subjectiva ao colocá-la sob categorias gerais (Kubryakova 1998).

A multiplicidade de conceitos a diferentes níveis, nos quais se manifesta a diversidade e heterogeneidade de conhecimentos sobre a vida real, é agora evidente. Tendo em conta que os conceitos têm um potencial funcional inadequado, é razoável distinguir diferentes tipos de entidades mentais - conceitos próprios (ou seja, microconceitos), macroconceitos e superconceitos ao interpretar material linguístico. Os conceitos orientados para o significado lexical de um lexeme individual têm um pequeno alcance semântico e desempenham uma função de identificação. Servem para descrição (retrato) de lexemas atómicos. Os conceitos também podem ser utilizados para a interpretação de blocos de lexemas e classes de palavras de volume bastante grande. Nesses casos, a linguagem implementa macroconceitos que se manifestam como uma categoria semântica do mais alto grau de abstracção e incluem valores privados de concretude da semântica geral. Macroconceitos são entidades de grande escala com um enorme "poder" sistematizador. Estão rodeados por um extenso domínio semântico, que requer um dicionário suficientemente grande para descrever (Karasik 1999). Macroconceitos como "viver", "falar", "mover", "trabalhar", "ver", e "ouvir" são utilizados para identificar e sistematizar grandes categorias lexicais hierarquicamente organizadas que podem ser interpretadas como esferas cognitivas funcionais que actuam como objectos de descrição no dicionário cognitivo-funcional (Kildibekova, Gafarova 1998, 2000, 2001, 2002, 2003). O macroconceito pode ser sujeito a inúmeros refinamentos semânticos e várias especificidades. As transformações conceptuais e implantações do conceito inicial são fixadas em blocos de lexemas de diferentes volumes, que predeterminam uma estrutura em várias fases da esfera funcional e cognitiva, que é claramente apresentada no dicionário funcional e cognitivo.

Термин «суперконцепт» ориентирован на функциональноO potencial comunicativo da unidade mental global manifesta-se na macroestrutura volumétrica, que consiste numa variedade de construções sintácticas típicas que expressam diferentes tipos de situações relacionadas com o conceito básico.

A fonte e o ponto de partida para todas as transformações funcionais e semânticas é o conceito básico. Os conceitos básicos são conceitos essenciais que devem necessariamente ser expressos para que a língua seja um meio de comunicação satisfatório (Sepir 1993). Todos os elementos do potencial funcional-associativo do conceito básico são verbalizados em unidades nominativas, que organizam todo um thesaurus do espaço semântico correspondente. A função generativa do conceito básico pode ser comparada com o papel dominante no desenvolvimento do paradigma lexical e semântico. Quanto maior for o potencial de informação dos dominantes, maiores serão as suas possibilidades. Todo o conjunto de conceitos verbalizados cria a esfera conceptual da linguagem, que aparece como um sistema muito complexo formado pelas intersecções e entrelaçamentos de numerosas e diversas estruturas organizando conceitos em filas, cadeias, campos com o centro e periferia, e árvores ramificadas com referências cruzadas (Popova 1996).

Na imagem conceptual do mundo, os conceitos ocupam um lugar especial, sendo fundamentais para a cognição e comunicação humana. Z.D. Popova e I.A. Sternin enfatizam correctamente que um conceito é uma unidade de pensamento complexo, que no processo de pensar a actividade é virada por diferentes lados, actualizando as suas diferentes características e camadas (Popova, Sternin 2002).

O conceito de língua nacional é tanto mais rico quanto mais rica é toda a cultura da nação (Likhachev 1997). No entanto, a singularidade nacional e cultural da Esfera Conceptual é invisível a partir do interior; só pode ser revelada no processo de análise comparativa.

Na opinião de N.A. Krasavsky, qualquer conceito de esfera é objectivado por várias técnicas linguísticas - tipos de nomeações directas, secundárias e indirectas. As mais informativas na análise linguocognitiva da esfera conceptual são as nomeações de palavras (lexeme) e super palavras (combinações de palavras livres, fraseologismos), porque servem como forma de gerar, desenvolver, receber e armazenar conhecimentos. O estado actual e as perspectivas de desenvolvimento futuro da fraseologia estão ligados às direcções cognitivas e linguístico-culturais na linguística. No âmbito destas orientações, as fraseologias são consideradas como sinais de natureza especial ligados às capacidades cognitivas de uma pessoa em geral e de um indivíduo em particular, e às intenções comunicativas dos falantes nativos (Krasavsky 2001). De especial importância é a consideração das capacidades funcionais das unidades fraseomáticas como sinais da nomeação secundária motivada, que também trazem informações sobre a forma especial e nacional de ver o mundo por esta ou aquela comunidade linguística e cultural.

Capítulo II Organização conceptual dos significados do inglês verbal- frases de substantivos num dicionário de língua inglesa

§ 1 Métodos de investigação do potencial cognitivo-funcional frases verberais

Целью данной работы является изучение и описание функционально-Potencial cognitivo das combinações de palavras fraseadas em inglês, cujo corpus é composto por uma amostra contínua de vocabulário do Longman Dictionary of Contemporary English. Para atingir este objectivo, é utilizada uma análise comparativa das estruturas conceptuais das combinações fraseáticas inglesas em três linhas de caracterização das acções por elas chamadas. Isto dá uma imagem completa do seu potencial funcional e cognitivo.

O método de reconstrução de conceitos-correlatos baseia-se na interpretação onomasiológica de definições de combinações fraseomáticas segundo as quais as unidades verbais identificam um conceito, e outras palavras e rótulos identificam atributos deste conceito. Os principais princípios de interpretação onomasiológica das unidades lexicais e fraseológicas foram desenvolvidos e afirmados por V.M. Kalimullina (Kalimullina 1985).

O aspecto onomasiológico das unidades verbais pode ser representado como um composto de três tipos de caracterização da acção definida como a base onomasiológica do verbo: caracterização de referência, relativa e descritiva (Calimullina 1982). A caracterização de referência da acção é entendida como um reflexo da caracterização de referência do verbo, ou seja, uma indicação de uma acção concreta. A caracterização relativa da acção é entendida como um reflexo das características espaço-temporais da acção. A caracterização descritiva significa um reflexo das características da acção (método, instrumento, etc.). Pode-se considerar que a caracterização cumulativa de uma acção em si é o resultado da refracção de um atributo categórico do verbo "acção/processo" em três aspectos: a referência, relativa e descritiva, todos os aspectos da caracterização de uma acção e receber a base onomasiológica de uma unidade verbular. Cada aspecto da caracterização da acção de uma unidade coreferencial é analisado com base em dois parâmetros: qualitativo e quantitativo.

Uma análise qualitativa da caracterização de referência indica a área de referência do verbo. Os verbos-identificadores foram distribuídos nas seguintes áreas de referência: 1) influência emocional *(para impressionar, para agradar); 2)* atitude emocional e intelectual *(para respeitar, para abominar, para duvidar);* 3) comportamento emocional e expressão de sentimentos (para *agitar, para exclamar)* 4) actividade mental (para *pensar, para concluir);* 5) contacto social (para *agradecer, para exigir);* 6) acções físicas intencionais *(esfregar, espremer}; 7)* mudança de estado físico (*mudar, melhorar); 8*) movimento (*mover, pisar};* 9) visão / vista (*olhar, olhar, espreitar};* 10) existência, *existir, florescer).*

A análise quantitativa da caracterização de referência dos verbos-indicadores mostra que estes podem ter uma caracterização de referência simples (chama-se uma acção), por exemplo: pôr em perigo - pôr em perigo; e uma caracterização de referência complexa que reflecte ou duas acções relacionadas com as relações de conjuntiva (*olhar* - *dar atenção ao ver)* ou duas acções relacionadas com as relações de disjunctiva (*ajudar - ajudar ou apoiar*).

Глаголы-идентификаторы могут отражать в относительной характеризации следующие признаки: статичность :: динамичность, отношение к субъекту /объекту действия, предельность :: непредельность, повторяемость :: неповторяемость, продолжительность во do tempo, local de acção.
Assim, os verbos de identidade compõem a oposição: estática :: dinâmica *(viver, ser :: agarrar, render-se);* subjectiva :: субъектнoobjectiva (*respirar, declinar :: usar, stressar);* limite :: insaturada (*olhar, notar :: existir, trabalhar); verbos* que podem chamar a repetição de uma acção :: verbos que podem não chamar a repetição de uma acção *(olhar, sorrir):desesperar, passar fome); verbos em* que a base reflecte a duração no tempo :: verbos em que a base não reflecte a duração no tempo *(contemplar, suspender: dormir, aliviar*); verbos em que a base marca o lugar da acção :: verbos em que a base não marca o lugar da acção (*testemunhar :: esperar, observar).*

Os verbos identificadores são classificados em dois grupos de acordo com a presença/ausência de caracterização descritiva na sua base: verbos sem caracterização descritiva na sua base *(assemelhar-se - parecer ou ser semelhante; discutir - ter uma discussão)* e verbos com caracterização descritiva na sua base (*fugir - fugir (de) apressando-se* - caminho; *confusão - agir ou comportar-se de forma nervosa, inquieta e ansiosa sobre pequenos assuntos* - caminho + objecto + avaliação).

As seguintes características de caracterização descritiva da acção podem ser reflectidas na base dos verbos-identificadores: causação *(à idade*

- para (causar) envelhecer); способ *(para olhar - para dar um olhar rápido);* инструмент действия *(para rir - para expressar divertimento, felicidade, desrespeito descuidado, etc. fazendo sons explosivos com a voz, usu. enquanto sorri);* интенсивность *(para beber*

- usar álcool, esp. demais); оценка *(errar - ter uma ideia errada sobre);* субъектная отнесенность *(morrer - (de criaturas e plantas) para deixar de viver...);* объектная отнесенность *(orgulhar-se de / sobre - estar satisfeito e satisfeito com (consigo mesmo) sobre (algo);* ситуативная отнесенность *(começar - fazer um movimento rápido e descontrolado, a partir de surpresa súbita)* и др

§ 2 Potencial funcional e cognitivo do inglês verba-combinações de substantivos

Este parágrafo descreve o potencial funcional e cognitivo da fraseologia do nome do verbo inglês. O corpo de combinações de palavras fraseomáticas era de mais de 2000 unidades.

Uma vez que este estudo trata de unidades verbais, notamos que é necessário ter em conta a natureza da refracção onomasiológica do verbo onomasiológico "acção/processo" em cada caso, a fim de estabelecer as características conceptuais do verbo.

Nos nomes verbais, uma característica multidimensional da situação desdobra-se:

além de reflectir a acção e a relação da acção com os objectos da realidade, é possível observar o desenvolvimento da acção no tempo, indicar o método, o lugar e o instrumento de acção. Por outras palavras, a caracterização de uma acção pode ser dividida em três tipos de características conceptuais: referência, relativa e descritiva. Por sinal conceptual de referência entendemos a referência de referência do verbo, ou seja, a indicação de uma acção concreta. A característica conceptual relativa é entendida como uma característica espaço-temporal da acção. O sinal descritivo conceptual é entendido como o sinal real de acção (método, instrumento, etc.) (Kalimullina 1996).

Pode assumir-se que a caracterização cumulativa da própria acção é o resultado da refracção do sinal onomasiológico categórico do verbo "acção" em três aspectos da caracterização: a referência, o relativo, e o descritivo. A caracterização cumulativa da acção é proposta para ser chamada a estrutura conceptual do verbo.

Uma vez que a estrutura conceptual do verbo é um conjunto de признаков именуемого действия, она отражает его функциональнocapacidades cognitivas conceptuais de referência, relativas e descritivas.

Para estudar a estrutura conceptual das combinações fraseomáticas do tipo estudado, um dos factores mais importantes que determinam a estabilidade ao nível da semântica da combinação: a cumplicidade.

Ao comparar as estruturas conceptuais das combinações fraseomáticas, verifica-se que:

A cumplicidade do plano gramatical reflecte a estratificação do seguinte aos traços conceptuais relativos:

dinamismo :: estático	***voar para uma fúria*** *(tornar-se rapidamente muito zangado)* ***:: brilhar de orgulho*** *(parecer muito feliz porque se sente*
localização	***atirar alguém para a prisão*** *(para de repente pôr alguém na prisão)* ***aceitar o pedido de alguém*** *(escrever o que um cliente de um restaurante quer)*
acção única	***satisfazer um pedido*** *(fornecer o que alguém pediu, o que precisa, etc.)****; quebrar o hábito*** *(deixar de fazer algo que é aborrecido ou mau para a sua saúde)*
отношение к assunto/objecto actos	***estragar a sua coragem*** *(para tentar ser corajoso o suficiente para fazer algo sobre o qual está muito nervoso)/* ***para prestar atenção*** *(para dar a sua atenção a algo)*
atitude para com o seu interlocutor ou o alvo da acção	***cantar os louvores de alguém*** *(para elogiar muito alguém)* ***/ prestar homenagem*** *(para dizer o quanto admira ou respeita alguém ou algo)*
repetibilidade :: não-repetibilidade	***desempenhar um papel*** *(realizar as acções, palavras, etc. para uma determinada personagem numa peça de teatro, filme, etc.)* ***:: falhar o ponto*** *(não compreender o*
limite :: o limite	***para realizar o seu potencial*** *(para conseguir fazer o melhor possível)* ***:: mostrar preferência por*** *(tratar alguém de forma mais favorável do que tratar outras pessoas)*
duração / tempo	***para passar o tempo*** *(quando está aborrecido ou*

	para algo) **apertar a mão/braço de alguém (***segurar a mão ou o braço de alguém durante um curto período de tempo, mostrar amizade,*
foco do assunto-objecto	**dar uma bicada a alguém** *(beijar alguém rápida e levemente)* **/ tomar posse de algo** *(se tomar posse de uma casa, carro ou objecto de valor, recebe-o depois de se tornar seu)*
fase de acção	**para navegar** *(para iniciar uma viagem de barco ou de navio)* **assumir um posto** *(começar a fazer um trabalho importante)*
fase de acção	**para protestar a sua inocência** *(continue a dizer que está inocente)* **para manter a sua mente** *(para continuar a prestar atenção a algo mesmo que seja aborrecido ou se quiser pensar em algo*
fase de acção (fase final)	**morrer à fome** *(morrer à fome por falta de alimentos)***;** **para acalmar os seus nervos** *(para impedir que os seus nervos sejam perturbados)*

A cumplicidade do plano semântico reflecte a estratificação de tais traços conceptuais descritivos como:

intensidade	**para aliviar a monotonia** *(para tornar algo menos monótono e aborrecido)* **prestar homenagem a (***para dizer o quanto admira ou respeita alguém ou algo)*
causalidade	**para dar vida a algo** *(para dar vida a algo)***;** **para acender** *(para fazer algo começar a*
descrição quantitativa	**traçar um paralelo entre** *(para mostrar que duas coisas são semelhantes)* **segurar a sua bebida** *(se alguém conseguir segurar a sua bebida, é capaz de beber muito álcool sem se embebedar)*
propósito de	**tentar a paciência de alguém** *(para fazer alguém perder a sua paciência)* **para ganhar vantagem** *(para obter ou tentar obter algo que o ajude contra os seus oponentes)*
modo de acção	**voar em fúria** *(de repente ficar muito zangado)***;** **para acelerar o seu ritmo** *(para andar mais*

classificação	***perder a sua forma*** *(para se tornar na forma errada)* ***cometer uma infracção*** *(fazer algo que seja uma infracção)*
encaminhamento de acções	***transferir a responsabilidade*** *(para tornar outra pessoa responsável por algo, esp. por algo mau que tenha acontecido)*
atribuição situacional	***propor um brinde a alguém*** *(para pedir formalmente a um grupo de pessoas num evento social que se junte a si para desejar a alguém sucesso, felicidade, etc., enquanto se levanta um copo de vinho e depois **se** bebe dele)**;*** ***saltar uma fila*** *(para ir injustamente para a*
comparação de	***colocar um prémio*** *(para considerar uma qualidade como sendo muito mais importante do que outras)* ***para fazer uma redução*** *(vender algo mais barato)*
referências estilísticas	***para apresentar as suas desculpas/complamentos, etc.*** *((formal) usado para saudar alguém, pedir desculpas, etc. muito educadamente)**;*** ***pronunciar a sentença*** *((lei) se um juiz pronunciar a sentença, ele ou ela diz ao tribunal que tipo de punição terá um*
atributo de acção do objecto-objecto	***para tirar a temperatura de alguém*** *(para medir a sua temperatura)**; para apresentar as suas desculpas/comentários, etc.*** *(usado para saudar alguém, pedir desculpa, etc. muito educadamente)*
alvo	***estabelecer normas*** *(para estabelecer oficialmente regras, normas, etc. para fazer algo)**;*** ***prever*** *(para fazer planos para necessidades*

A compilação de carácter misto reflecte a combinação de

camadas em termos de caracterização relativa e descritiva

acções, por exemplo:

fase de acção + orientação subjectiva + método	***para escolher uma discussão (com alguém)****(para iniciar deliberadamente uma*
repetibilidade + direcção + lugar + referências estilísticas	***para retomar o seu lugar*** *((formal) para voltar ao lugar onde estava antes)*
direcção + local + estilístico	***para escumar pedras*** *((BrE) para atirar*

atribuição + método	*pedras planas num lago, rio, etc., de forma a fazê-los saltar sobre a superfície)*
направление + estilístico atribuição + método	***para percorrer o seu caminho*** *((esp. lit.) para se deslocar ou viajar lentamente de um*
atitude em relação ao objecto de acção + alvo + intensidade + método + avaliação	***para tirar partido de alguém*** *(para tratar alguém injustamente para obter o que deseja, especialmente alguém que seja generoso ou facilmente persuadido)*

Volume da complicação sobre o aspecto relativo da caracterização da acção,

notada na cumplicidade de combinações pode ser calculada como 1-4 características, mas raramente dão uma combinação de todas as 4 características. Combinações típicas de 1-3 traços:

1 característica	local de acção	***para limpar a garganta*** *(para fazer barulho na garganta, esp. antes de falar, ou para chamar a atenção de alguém)*
2 características	направление acções+ dinamismo	***abrir caminho*** *(passar para um lado para que alguém ou algo possa passar)*
3 características	repetibilidade + direcção + localização	***para retomar o seu lugar*** *((formal) para voltar ao lugar onde estava antes)*

O volume de uma complicação na linha de caracterização descritiva pode

são numerados com 1-4 sinais:

1 característica	referências estilísticas	***preferir acusações*** *((lei) para fazer uma declaração oficial de que alguém fez algo ilegal)*
2 características	causalidade + situacional referência	***dar destaque a algo*** *(colocar algo numa posição em que seja facilmente notado porque se pensa que é*
3 características	atribuição de objectos + método + alvo	***pressionar a mão de alguém*** *(segurar a mão de alguém com firmeza durante um curto período de tempo,*
4 características	atribuição estilística + método + intensidade + objecto-objecto	***para apresentar as suas desculpas*** *((formais) utilizadas para saudar*
	referência	*muito educadamente)*

Volume da complicação nos aspectos relativos e descritivos da caracterização da acção

reflectida na cumplicidade da combinação

de natureza mista, pode ser estimada em 2-4 características:

2 características	atributo objecto + intensidade	***para cantar o(s) spray(s) de alguém*** *(para elogiar muito alguém)*
3 características	fase de acção + referências estilísticas + referências situacionais	***para perder o arremesso*** *((esp. BrE) perder o direito de fazer uma escolha no início de um jogo ou corrida, de acordo com o resultado de atirar uma moeda ao ar)*
4 características	atitude em relação ao objecto + alvo + intensidade + método	***tirar partido da smb*** *(para tratar alguém injustamente para obter o que deseja, esp. alguém que seja generoso ou facilmente persuadido)*

Análise do volume de complicação na semântica de combinações permitidas para estabelecer o grau de cumplicidade de combinações, pode ser:

Alto: a cumplicidade tem um volume de 3 ou mais componentes complicadores: ***pronunciar a sentença*** *((lei) se um juiz pronunciar a sentença ele ou ela diz ao tribunal que tipo de punição terá um criminoso* (atribuição estilística + atribuição de objecto + atribuição situacional);

baixo: a complacibilidade tem um volume de 1-2 componentes complicadores: ***sentir o pulso de alguém*** *(para contar quantas vezes o coração de alguém bate num minuto, usualmente por sentir o seu pulso (*atribuição situacional + método);

zero: a combinação não tem complacência: ***para fazer uma compra*** *(para comprar algo).*

O segundo factor a estudar a especificidade da estrutura conceptual das combinações fraseomáticas é a distribuição de papéis entre palavras-componentes na sua formação.

Isto pode ser feito utilizando o método de aplicação fraseomática: a comparação de definições de combinações fraseomáticas com definições de valores directos dos seus componentes, em combinação com a interpretação onomasiológica da sua semântica, permite determinar quais dos componentes das combinações fraseomáticas desempenham um papel de liderança na formação do seu potencial nominal, incluindo as características de referência, relativas e descritivas.

Como resultado de tal análise, as combinações fraseomáticas foram divididas em três grupos, dependendo do papel dos componentes na formação do seu potencial nominal. A caracterização de referência aqui é representada por um substantivo. Nestas combinações, os substantivos utilizados são verbais. A caracterização relativa é representada pela componente verbal, uma vez que é o núcleo gramatical da combinação. A caracterização descritiva é geralmente representada por um substantivo uma vez que é o núcleo semântico da combinação.

Por exemplo:

Combinações fraseomáticas e suas definições	O verbo e a sua definição	Substantivo e sua definição	Papel dos componentes na caracterização		
			referente	relativo	descritiva
fazer concessões *(para deixar alguém comportar-se de uma forma que normalmente não aprovaria, porque sabe que existem razões especiais para o seu comportamento)*	***fazer*** *- para fazer algo*	***subsídio*** *- the way of behaviour which is not aprovado, mas há razões especiais para tal*	*N*	*V*	*N*
adicionar variedade *(para tornar algo mais interessante)*	***acrescentar*** *- aumentar a quantidade de algo colocando algo mais com ele*	***variedade*** *- as diferenças dentro de um grupo, conjunto de acções, etc., que o tornam interessante*	*N*	*V*	*N*
tirar partido *(utilizar uma situação particular para fazer ou obter o que se quer)*	***tomar*** *- aceitar algo*	***vantagem*** *- uma situação particular na qual se pode fazer ou obter o que se quer*	*N*	*V*	*N*

Este grupo inclui 27% de frases fraseológicas, representado na LDCE.

O segundo grupo inclui combinações fraseomáticas em que o papel principal na caracterização de referência pertence à componente verbal.

A caracterização relativa é geralmente representada pela componente do verbo, enquanto a caracterização descritiva pode ser representada tanto por um substantivo como por um verbo:

Combinações fraseomáticas e suas definições	O verbo e a sua definição	Substantivo e sua definição	Papel dos componentes na caracterização		
			referente	relativo	descritiva
jurar a alguém que se vai separar *(para fazer alguém prometer não dizer a ninguém o que lhe disse)*	***jurar*** *- to fazer alguém promessa*	***sigilo*** *- o processo de manter algo em segredo, ou o estado de ser mantido em segredo*	*V*	*V*	*N*
cumprir uma previsão *(acontecer de uma forma que alguém tenha dito*	***encontrar-se*** *- para acontecer*	***previsão*** *- algo que diz que vai acontecer*	*V*	*V*	*N*
perder o juízo *(tornar-se louco ou doente mental)*	***perder*** *- para se tornar*	***mente*** *- louco/doente mental*	*V*	*V*	*N*
para salvar a vida de alguém *(to someone a partir de moribundo)*	***salvar*** *- to save sb's life (para impedir que alguém morra)*	***vida*** *- viva, não morta*	*V*	*V*	*V*

A componente verbal pode ser utilizada para formar os três tipos de características: referência, relativa e descritiva. Este grupo foi responsável por 54% do número total de combinações apresentadas no LDCE.

O terceiro grupo é representado por combinações fraseomáticas, onde ambos os componentes desempenham um papel aproximadamente igual na caracterização de referência. A caracterização relativa em combinações de palavras fraseáticas deste grupo é geralmente representada por um verbo, e a caracterização descritiva pode ser representada por ambos os componentes:

Combinações fraseomáticas e suas definições	O verbo e a sua definição	Substantivo e sua definição	Papel dos componentes na caracterização		
			referente	relativo	descritiva
mudar a fidelidade *(para começar a apoiar uma pessoa diferente, grupo, etc.)*	***interruptor*** - *to change from um thing para Outro,*	***lealdade*** - *lealdade a um líder; país, crença, etc*	*V+N*	*V*	*V*
	inesperadamente				
baixar a sua voz *(para a tornar mais silenciosa)*	***mais baixo*** - *reduzir algo em quantidade, grau, força, etc., ou tornar-se menos*	***voz*** - *o som que se faz quando se fala*	*V+N*	*V*	*V*
voar para uma fúria *(rapidamente fica muito zangado)*	***voar para*** - *tornar-se subitamente*	***fúria*** - *um sentimento de raiva extrema*	*V+N*	*V*	*N*
lançar um apelo *(para fazer um pedido público sério de algo)*	***lançamento*** - *to start sth, esp. um official, public ou military activity that has foi planeado*	***apelo*** - *um pedido urgente de algo importante como dinheiro ou ajuda, esp. para ajudar alguém em má situação*	*V+N*	*V*	*N*

Este grupo representava 19% do número total de nomes verbais.
de frases fraseológicas apresentadas na LDCE.

Como resultado, pode-se argumentar que as combinações verbo-nome fraseomáticas são heterogéneas. Do ponto de vista da estrutura, ambas as componentes das combinações apresentadas num dicionário monolingue explicativo desempenham papéis aproximadamente iguais na formação do potencial nominal destas unidades.

O método de reconstrução do conceito-correlatos baseia-se na interpretação onomasiológica de definições de combinações fraseomáticas segundo as quais as unidades verbais identificam o conceito, e outras palavras e rótulos identificam os atributos deste conceito.

A análise dos potenciais funcionais-cognitivos das combinações fraseomáticas mostrou que ao longo da linha de referência de caracterização podem reflectir a acção ou estado. Por exemplo: ***para fazer um pedido de desculpas*** *(acção)*, ***para responder a uma***

descrição *(estado)*. Uma caracterização de referência pode ser simples ou complexa. A caracterização simples de referência reflecte uma acção ou estado: ***montar um acampamento*** *(montar um acampamento por um curto período de tempo)* - uma acção (D); levantar ***a retaguarda*** *(estar na retaguarda da linha de pessoas ou numa corrida)* - um estado (C). A caracterização de referência complexa reflecte duas ou mais acções na relação conjuntiva/disjuntiva. Por exemplo: ***marcar um encontro -*** *organizar ou decidir uma hora ou lugar para que algo aconteça (D::D);* ***praticar uma religião*** *- participar nas cerimónias e obedecer às regras de uma religião (D + + D);* ***exercer o poder*** *- ter muito poder e estar pronto para o utilizar (C + + C).*

Концепты-корреляты combinações fraseomáticas permitidas para os distribuir por diferentes áreas da esfera conceptual:

Эмоциональное поведение: ter ***pena*** *(ter pena de alguém e fazer algo para o ajudar);* ***inchar de orgulho*** *(sentir-se muito orgulhoso);* ***voar para uma fúria*** *(tornar-se rapidamente muito zangado);*

Умственная деятельность: ***abandonar a esperança*** *(para decidir que já não acredita numa determinada ideia);* ***desenhar uma moral*** *(para compreender o que uma história ou evento lhe está a ensinar);* ***dar uma falha a algo*** *(para decidir não fazer algo);*

Речевая деятельность: ***despedir-se de alguém*** *(despedir-se de alguém);* ***cingir-se aos factos*** *(falar apenas sobre o que se supõe que está a falar ou sobre o que é certo);* ***transmitir as suas queixas*** *(dizer a outras pessoas sobre coisas que considera injustas);*

Физическая деятельность: ***para dar um bocejo*** *(para tentar parar de bocejar);* ***para saciar a sede*** *(para beber de modo a não ter mais sede); para* ***relaxar o seu porão*** *(para segurar algo menos apertado);*

Социальный контакт: ***para satisfazer um pedido*** *(para fornecer o que alguém pediu, o que precisa, etc.);* ***para dar uma surra*** *(para bater em alguém ou espancar violentamente como castigo); para* ***vir em socorro*** *(para ajudar alguém em perigo ou dificuldade);*

Изменение состояния: ***para tocar as alterações*** *(para fazer alterações a algo, não porque precise de ser alterado, mas apenas para o tornar mais interessante, mais atractivo);* ***para perder a sua forma*** *(tornar-se na forma errada); para* ***vir a ganhar destaque*** *(tornar-se importante e conhecido);*

Виды существования и жизнедеятельности: ***morrer à fome*** *(morrer à* ***fome*** *por falta* *de alimentos);* ***recuperar a consciência*** *(acordar depois de estar inconsciente);* ***passar urina/ferramentas/sangue*** *(enviar algo como resíduo ou em resíduos da sua bexiga ou intestinos);*

Целенаправленные физические действия: ***para rodar uma teia*** *(para fazer uma teia);* ***para responder à porta*** *(para abrir a porta para ver quem está lá); para* ***pôr algo/sb fora de acção*** *(se algo ou alguém estiver fora de acção, está partido ou ferido, de modo a não se poder mover ou trabalhar);*

Движение: ***para ganhar/perder altura*** *(se um avião ganhar altura ou perder altura, move-se mais alto no céu ou cai mais baixo no céu); para* ***se desviar*** *(mover-se ou viajar lentamente de um lugar para outro);* ***para bater um recuo*** *(afastar-se rapidamente);*

Зрение /обозрение: ***para ver*** *(ver ou notar algo de repente);* ***para perder de vista*** *(deixar de poder ver alguém ou algo); para* ***roubar um olhar*** *(olhar para alguém ou algo rápida e secretamente).*

Algumas combinações de palavras fraseológicas podem ser atribuídas simultaneamente a duas ou mais áreas da esfera conceptual. Por exemplo: ***dar uma opinião*** *(dizer o que se pensa) - fala e actividade mental;* ***dar uma razão*** *(explicar) - fala e actividade mental;* ***cantar o(s) elogio(s) de smb*** *(elogiar alguém muito) - contacto social, actividade de fala, comportamento emocional.*

A caracterização relativa é representada pelas seguintes características: estaticidade/dinâmica: ***para*** *corresponder à descrição /* ***para montar um campo (para*** *montar um campo por um curto período de tempo);*

Предельность/непредельность: ***julgar*** *(dar a sua opinião ou crítica);* ***estabelecer um recorde*** *(conseguir um novo recorde)/* ***praticar uma religião*** *(participar em cerimónias e obedecer às regras de uma religião);* ***fazer correr uma temperatura*** *(ter uma temperatura mais alta do que a normal).*

Фаза действия (начальная/начальная/завершающая): ***para fixar residência*** *((formal) para começar a viver num lugar)/ para* ***realizar um curso*** *(para continuar a mover-se numa determinada direcção)/* ***para romper com a tradição*** *(para deixar de fazer algo da forma como sempre foi feito);*

Месmо действия: ***pôr no mar*** *(para iniciar uma viagem no mar);* ***servir uma citação*** *(para enviar oficialmente ou dar a alguém uma ordem escrita para comparecer em*

tribunal); ***liderar o caminho*** *(para caminhar na frente de um grupo de pessoas);*
Направление: ***bater um retiro*** *(afastar-se rapidamente);* ***manter um curso*** *(continuar a mover-se numa determinada direcção);* ***desviar-se*** *((esp. aceso) para se mover ou viajar lentamente de um lugar para outro);*
Продолжительность во времени: ***montar um acampamento*** *(para montar um acampamento por um curto período de tempo); abrir o* ***apetite*** *(para ter fome, especialmente fazendo exercício físico ou esperando muito tempo antes de comer ou beber);* ***esperar a sua oportunidade (para fazer algo)*** *(esperar até ter as melhores condições para conseguir fazer algo).* Субъектно-объектная направленность: ***fazer com que alguém se conheça*** *((formal) para conhecer alguém pela primeira vez);* ***espezinhar alguém até à morte*** *(matar alguém pisando-o fortemente);* ***atirar alguém para a confusão*** *(tornar subitamente um grupo de pessoas muito confuso e incerto sobre o que devem fazer);*
Повторяемость/неповторяемость: ***para renovar uma amizade*** *(para recomeçar uma relação);* ***para restaurar a confiança*** *(para fazer uma pessoa ou um grupo sentir-se novamente confiante)/ para* ***declarar guerra (sobre sb)*** *(para anunciar publicamente e oficialmente que vai combater uma guerra); para* ***fazer soar o alarme*** *(para avisar as pessoas sobre o perigo).*

A descrição descritiva é apresentada através do seguinte conjunto de características:
Цель: ***fazer uma aparição*** *(estar presente num tribunal para um julgamento em que esteja envolvido);* ***tirar partido de algo*** *(usar uma situação particular para fazer ou obter o que deseja);* ***gerir drogas*** *(trazer drogas para um país ilegalmente a fim de as vender);*
Способ: ***para apresentar a sua demissão*** *(dizer oficialmente que vai deixar o seu emprego); para se* ***orientar*** *(mover-se ou viajar lentamente de um lugar para outro); para* ***correr armas*** *(trazer armas para um país ilegalmente a fim de as vender);*
Степень: ***para baixar a voz*** *(para a tornar mais silenciosa); para* ***ganhar altura*** *(para se mover mais alto no céu); para* ***relaxar regras/controlos/regulamentos, etc.*** *(para tornar as regras, etc. menos rigorosas);*
Оценка: ***agir como um tolo*** *(comportar-se de forma estúpida e irritante);* ***virar a cabeça de alguém*** *(ser atraente de uma forma romântica ou sexual para uma determinada*

pessoa); ***perder a sua forma*** *(tornar-se a forma errada);*

Каузация: ***admitir a derrota*** *(deixar de tentar fazer algo porque se apercebe que não pode ter êxito);* ***abandonar o navio*** *(deixar um navio porque está a afundar-se);* ***bater com os lábios*** *(fazer um curto barulho alto com os lábios porque tem fome);*

Субъектно-объектная отнесенность: ***fazer cócegas a alguém*** *(telefonar a alguém);* ***torcer o pescoço de algo*** *(matar algo como uma galinha, torcendo-lhe o pescoço); fazer* ***cócegas a alguém*** *(esfregar alguém levemente com os dedos a fim de o fazer rir);*

Ситуативная отнесенность: ***vir em socorro*** *(para ajudar alguém em perigo ou dificuldade);* ***aceitar o pedido de desculpas de alguém*** *(para dizer que já não está zangado com alguém depois de ter dito que estava arrependido de algo que fez, perdoar-lhe, depois de ter pedido desculpa);* ***roubar um beijo*** *(para beijar alguém rapidamente quando não está à espera).*

Стилистическая отнесенность: ***derramar lágrimas*** *((esp.lit.) para chorar);* ***dar uma esfregadela*** *((esp.brE) para limpar alguma coisa esfregando-a com força);* ***sustentar a derrota*** *((formal) para ser derrotado ou perder muitos soldados, dinheiro, etc.).*

Интенсивность: para dar ***uma olhadela*** *(para ver algo rápida e secretamente, especialmente algo que não é suposto ver); para* ***reduzir alguém a lágrimas*** *(para fazer alguém chorar, especialmente por ser indelicado com ele); para* ***lançar alguém em confusão*** *(para de repente fazer um grupo de pessoas muito confuso e incerto sobre o que devem fazer);*

Намеренность: ***para fazer avançar os seus interesses*** *(para fazer algo que o ajude a obter vantagem de sucesso); para* ***obter vantagem*** *(para obter ou tentar obter algo que o ajude contra os seus oponentes); para* ***significar maldade*** *(para pretender causar problemas);*

Переадресация действия: ***jurar a alguém segredo/silêncio*** *(fazer alguém prometer não dizer a ninguém o que lhe disse);* ***aceitar a responsabilidade*** *(aceitar que foi responsável por algo mau que aconteceu);* ***atribuir a culpa*** *(culpar alguém por algo, muitas vezes injustamente).*

Conclusão

A análise comparativa dos potenciais cognitivos funcionais das combinações fraseomáticas mostrou que na linha de referência de caracterização podem reflectir a acção ou o estado. Por exemplo: *para fazer um pedido de desculpas* (acção), para responder a uma descrição (estado). Uma caracterização de referência pode ser simples ou complexa. A caracterização simples de referência reflecte uma acção ou estado: montar um acampamento (montar um acampamento por um curto período de tempo) - uma acção (D); levantar a retaguarda (estar na retaguarda de uma linha de pessoas ou numa raça) - um estado (C). Uma caracterização de referência complexa reflecte duas ou mais acções numa relação conjuntiva/disjuntiva. Por exemplo: marcar um encontro - organizar ou decidir uma hora ou lugar para que algo aconteça (D::D); praticar uma religião - participar nas cerimónias e obedecer às regras de uma religião; exercer o poder - ter muito poder e estar pronto para o utilizar (C++C).

Концепты-корреляты combinações fraseomáticas permitidas para os distribuir por diferentes áreas da esfera conceptual:

Эмоциональное поведение: ter pena (ter pena de alguém e fazer algo para o ajudar); inchar de orgulho (sentir-se muito orgulhoso); atribuir as culpas (culpar alguém por algo que aconteceu);

Умственная деятельность: abandonar a esperança (para decidir que já não acredita numa determinada ideia); arriscar uma opinião (para dizer o que pensa); errar algo (para decidir não fazer nada);

Речевая деятельность: despedir-se de alguém (despedir-se de alguém); cingir-se aos factos (falar apenas sobre o que se supõe que está a falar ou sobre o que é certo); transmitir as suas queixas (dizer a outras pessoas sobre coisas que considera injustas);

Физическая деятельность: para dar um bocejo (para tentar parar de bocejar); para saciar a sede (para beber de modo a não ter mais sede); para relaxar o seu porão (para segurar algo menos apertado);

Социальный контакт: para satisfazer um pedido (para fornecer o que alguém pediu, o que precisa, etc.); para dar uma surra (para bater em alguém ou espancar violentamente como castigo); para vir em socorro (para ajudar alguém em perigo ou dificuldade).

Algumas combinações fraseomáticas podem ser atribuídas simultaneamente a duas ou mais áreas da esfera conceptual.

Por exemplo:

dar uma opinião (dizer o que se pensa) - fala e actividade mental; dar uma razão (explicar) - fala e actividade mental; cantar o(s) elogio(s) de alguém (elogiar alguém muito) - contacto social, actividade de fala, comportamento emocional.

A caracterização relativa pode ser representada pelos seguintes atributos:

Статичность/динамичность: para responder à descrição (para corresponder à descrição) / para montar um acampamento (para montar um acampamento por um curto período de tempo)/

Предельность/непредельность: julgar (dar a sua opinião ou crítica) / praticar uma religião (participar em cerimónias e obedecer às regras de uma religião);

Fase de acção (início/fim):

para fixar residência ((formal) para começar a viver num lugar) / para romper com a tradição (para deixar de fazer algo da forma como sempre foi feito);

Localização: para pôr no mar (para iniciar uma viagem no mar);

Direcção: bater um retiro (afastar-se rapidamente);

Duração no tempo: para montar um acampamento (para montar um acampamento por um curto período de tempo).

A caracterização descritiva pode ser representada pelo seguinte conjunto de características:

Цель: para comparecer (para estar presente num tribunal para um julgamento em que esteja envolvido);

Способ: para apresentar a sua demissão (dizer oficialmente que vai deixar o seu emprego);

Степень: para baixar a sua voz (para a tornar mais silenciosa);

Оценка: virar a cabeça de alguém (ser atraente de uma forma romântica ou sexual para uma determinada pessoa);

Причина: abandonar um navio (abandonar um navio porque está a afundar-se);

Relação sujeito-objecto: dar um tilintar a alguém (telefonar a alguém);

Situação: para vir em socorro (para ajudar alguém em perigo ou dificuldade);

Referências estilísticas: para derramar lágrimas ((esp. literária) para chorar).

A análise mostra que a estrutura conceptual das combinações fraseomáticas de nomes verbais em inglês é bastante diversificada: os três tipos de características conceptuais participam na formação da estrutura das combinações fraseomáticas de nomes verbais em inglês. Na maioria das combinações, a caracterização de referência é representada por uma ou duas acções, o que parece ser natural quando se consideram os fraseologismos verbológicos.

A caracterização relativa é mais frequentemente representada por sinais de estática/dinâmica, limite/unlimite, relação com o sujeito/objecto de acção/estado, menos frequentemente este tipo de caracterização é representada por sinais de duração no tempo, lugar de acção, direcção de acção, fase de acção.

A caracterização descritiva na maioria das expressões reflecte-se bastante mal, mais frequentemente é representada por sinais do modo de acção, causa ou objectivo.

Assim, podemos concluir que a caracterização de referência nas combinações de palavras deste tipo é apresentada de forma bastante brilhante, o que não pode ser dito sobre os tipos relativos e descritivos de caracterização. Isto pode sugerir que para a formação de uma organização conceptual a caracterização de referência é a principal, enquanto a caracterização relativa e descritiva são apenas secundárias na formação do significado das combinações fraseomáticas.

Literatura

1. Alekhina A.I. Frazeological unit and word: Para estudar o sistema fraseológico. - Minsk: Editora Lenin BSU, 1979.
2. Amosova N.N. Basics of English phraseology -L.; LSU Publishing House, 1963.- 206s.
3. Amosova N.N. Frames como um tipo de unidades fraseológicas inglesas -M.-L., 1964.p.139.
4. Апресян Ю.Д. Фразеологические синонимы типа «глагол + ...substantivo" em inglês moderno: Candidate of Sciences. - M.:1956.
5. Arnold I.V. Lexicology of Modern English (em inglês), L.M.: Enlightenment, 1966.
6. Arnold I.V. Estrutura semântica de uma palavra em inglês moderno e métodos da sua investigação. - L.: Enlightenenment, 1966.
7. Equivalência de Arnold I.V. como um conceito linguístico. - Línguas Estrangeiras na Escola, 1976. №1.
8. V.L. Arkhangelsky. Frases estáveis em língua russa moderna. - Rostov-on-Don, 1964.
9. Askoldov-Alekseev, S.A. Conceito e palavra (em russo) // Literatura russa: Antologia (em russo) / Em edição de V.P. Neroznaka. - Moscovo: Academia, 1997.
10. Ахманова О.С. Гюббенет И.В. "Contexto vertical" como um problema filológico. Problemas de Linguística, 1977, No. 3.
11. A.P. Babushkin Tipos de conceitos em sistema léxico-fraseo de língua russa. - Voronezh: Voronezh Un-ta Publishing House, 1996.
12. Babushkin A.P. Tipos conceptuais de significados de uma palavra // Pesquisa contrastada de léxico e fraseologia da língua russa: Artigos recolhidos - Voronezh: Voronezh Unta, 1996.
13. Babushkin, A.P. Conceitos de Frazeologia (em russo) // Linguística cognitiva: Artigos recolhidos. - Tambov, 1998.
14. Bally S. French Stylistics. - Moscovo: Foreign Publishing House, 1961.

15. Batyrova, A.F. Potencial funcional e cognitivo das combinações de verbos-nome inglês / Colecção de obras científicas "Communicative and functional language description". Parte 2. Ufa, BashSU, 2004.
16. Batyrova A.F. Potencial funcional e cognitivo das combinações de palavras de nome de verbo inglês e russo e a sua implantação no texto. Autoref. dis. ... Cand. phil. das ciências. Volgograd, 2005.
17. Batyrova A.F. Significado funcional e cognitivo das expressões fraseológicas dos nomes dos verbos inglês e russo. Ufa, BashSU, 2006.
18. Batyrova G.Z. Significado funcional-semântico das unidades fraseológicas dos verbos inglês e russo. Cand. phil. ciências. Ufa, 1999.
19. Belyaevskaya E.G. Sobre alguns aspectos da estabilidade das combinações fraseomáticas. M.Torez, ext.131.-M., 1978. p.16-34.
20. Bitokova S.H. Composição componente de combinações de tipo para dar uma aparência e especificidade do seu funcionamento. AKD. - M., 1982.
21. Bitokova S.H. Correlação nominativa de palavras verbais estáveis e verbos de palavras únicas// Palavra na língua e no discurso. - Nalchik, 1982. - C.17
22. Boldyrev, N.N. Espaço conceptual de lingüística cognitiva. №1 2004 г.
23. V.V. Vinogradov. Sobre os tipos básicos das unidades fraseológicas em russo (em russo) // Académico A.A. Chessman (1864-1920): [Artigos recolhidos] / Em edição de S.P. Obnorskiy. - M.-L., 1947.
24. V.V. Vinogradov. Obras seleccionadas. Moscovo: Science, 1977. - 312 c.
25. Gavrin S.G. Phrazeology of Modern Russian Language: /No aspecto da teoria da reflexão/.-Perm, 1974.-269c.
26. Gafarova G.V., Kildibekova T.A. Aspectos cognitivos do sistema léxico da língua. - Ufa: BashSU, 1998.
27. Gafarova G.V., Kildibekova T.A. Bases teóricas e princípios da compilação do dicionário funcional-cognitivo. - Ufa: BashSU, 2003.
28. R.O. Ginzburg, S.S. Hidekel, G.Yu. Knyazeva, A.A. Sankin O curso de lexicologia do inglês moderno. Escola Superior, 1966. - 276c.
29. Dashevskaya V.L. Frazeomatic Complexes e problema de compatibilidade. - Col. de artigos científicos de V.L. Dashevskaya. M. Toreza, vol. 145, 1979.

30. Dashevskaya V.L. Transformações ocasionais dos complexos fraseomáticos verbais. - Col. de artigos científicos de V.L. Dashevskaia V.L. Okkazional transformação de complexos fraseomáticos verbosos. M. Toreza, vol. 168, Moscovo: 1980.
31. Демьянков В.З. Linguística Cognitiva como Variedade интерпретирующего подхода // Вопросы языкознания. - 1994, №4 - с. 1733.
32. Demjankov V.Z., Kubryakova E.S. Cognitive linguistics // Breve dicionário de termos cognitivos / Kubryakova E.S., Demjankov V.Z., Pankratz Y.G., Luzina L.G. - M.: Philological f-t of Lomonosov Moscow State University, 1996. - CCP, p. 53-55.
33. Yefimov A.I. Stylistics of Art Speech.
34. Zhukov V.P. Correlação de uma unidade fraseológica e dos seus componentes com palavras de livre utilização. - NDVVSh, Ciências Filológicas, 1962, №3.
35. Zhukov V.P. Sobre a incomensurabilidade dos componentes da fraseologia com uma palavra. - Língua Russa na Escola, 1969, '3.
36. Zhukov V.P. Sistema Lexico-semântico na sua relação com a fraseologia. - As questões de descrição do sistema léxico-semântico de linguagem: Resumos do conf. científico. -M.: 1971.
37. Zhukov, V.P. Semântica da frase viragens psicológicas-M.: Prosv., 1978.
38. Zainullina L.M. Investigação linguística do vocabulário objectivo sobre o material das línguas inglesa, russa, bashkir, francesa e alemã. - RIO BashSU, Ufa: 2003.
39. Zvegintsev V.A. Semaciologia. - M., 1957.
40. Kalimullina V.M. Paradigma léxico-fraseomático nominativo em inglês. - Col. de artigos científicos de V.M. Kalimullin. M. Toreza, vol. 171, Moscovo: 1981.
41. Kalimullina V.M. Descrição do sistema do paradigma léxico-fraseomático. Depositado junto do INION COMO URSS. - Boletim "Nova Literatura Soviética sobre Ciências Sociais. Linguística". - №12, M.: 1981.
42. Kalimullina V.M. Correlação nominativa de combinações de palavras com nomes de verbos e identificadores de verbos. - Dis. ... ...cand. phil. das ciências. - M.: 1982.
43. Kalimullina V.M. Multilevel paradigmas em léxico verbo: Textbook. - Ufa, edição

da Universidade de Bashkir, 1985 - 80 p.

44. Kalimullina V.M. O papel das unidades verbais lexicais e fraseológicas na realização das funções da linguagem no texto. Autoref. dis. do Dr. Phil. Krasnodar, 1996.

45. Kalimullina V.M., Batyrova A.F. Complication as a Semantic Base for Description of Onomaseology of Phraseomatic Words / Collection of Scientific Works "Communicative and Functional Description of Language". Ufa, BashSU, 2003.

46. Kalimullina V.M., Batyrova A.F. O papel das combinações fraseomáticas inglesas no desenvolvimento do conceito - correlacionar os seus sinónimos / Colecção de artigos científicos "Descrição comunicativa e funcional da linguagem". Ufa, BashSU, 2004.

47. Kalimullina, V.M.; Nuriakhmetova, Yu.M. Potencial nominativo das combinações fraseadas em inglês / Colecção de obras científicas "Communicative and functional description of language". Ufa, BashSU, 2004.

48. Karasik, V.I. Discurso religioso (em russo) // Personalidade linguística: Problemas de linguoculturologia e semântica funcional. - Volgograd: A mudança. - 1999.

49. Krasavsky N.A. Conceitos emocionais nas linguoculturas alemã e russa. - Volgograd, 2001.

50. Kubryakova E.S. Partes da fala em iluminação onomasiológica. - Moscovo: Nauka, 1978.

51. Kubryakova E.S. Fases iniciais da formação cognitiva: linguística - psicologia - ciência cognitiva // Problemas de linguística, 1994.№ 4.p.34 - 47.

52. Kubryakova E.S. Partes da fala do ponto de vista cognitivo. M.: 1997.

53. Kubryakova E.S. Dicionário conciso de termos cognitivos. M.: 1998.

54. Kunin A.V. Fraseologia inglesa (Curso Teórico). - Moscovo: Escola Superior, 1970. - 342 c.

55. Kunin, A.V. Dupla actualização como conceito de fraseologia estilística (em russo) // In.langu. na escola.

56. Kunin A.V. Sobre a compatibilidade fraseológica. - Colecção de Actas Científicas do Instituto Estatal de Belas Artes de Moscovo Pushkin. M.Toreza, vol. 145, Moscovo: 1979.

57. Kunin A.V. Dicionário de Frases Inglês-Russo. Moscovo: Língua Russa, 1984.
58. Kunin A.V.: Curso de fraseologia inglesa moderna -M.: Escola superior, 1986 - 336s.
59. Krasavsky N.A. Conceitos emocionais nas linguoculturas alemã e russa. Volgograd, 2001.
60. Likhachev, D.S. Conceptual Sphere of the Russian Language (em russo) // Izvestia RAN. - 1993. - T.52 - №1.
61. D.S. Likhachev. Obras seleccionadas: em 3 t. T.2. L., 1997.
62. Lukavchenko I.M. Tipos de Complexos de Palavras Relacionadas e de Significado Estável em Inglês Moderno (no material de combinações de palavras do tipo V+N): CD-ROM dos autores ... Cand. phil. das ciências. M.: 1983
63. Mednikova E.M. Significado da palavra e métodos da sua descrição: (Sobre o material da língua inglesa moderna). - Moscovo: Escola Superior, 1974.
64. Meshcheriakova M.P. Combinações do tipo para cometer um erro de с точки зрения их синтаксического использования в предложении // Вопросы Романоfilologia germânica e métodos de ensino de línguas estrangeiras. - Sverdlovsk, 1967.
65. Mova V.I. Tipo de design para dar uma gargalhada em inglês moderno. AKD, - Moscovo, 1965.
66. Mukhtarullina A.R. Categoria de texto básico na tradução: aspecto cognitivo da representação da modalidade. Ufa: BashSU Publishing House, 2001.-132s.
67. Narsky I.S. Problemas de significado "significado" na teoria da cognição: [Artigos recolhidos] // Problemas de sinal e valor / editado por I.S. Narskiy. - M., 1969.
68. Nikitina S.E. Análise semântica da linguagem científica. M., 1987.
69. Nuriakhmetova, Yu.M. Metodologia para a determinação do potencial cognitivo-funcional das combinações fraseadas em inglês / Colecção de trabalhos científicos "Communicative and functional language description". Ufa, BashSU, 2005.
70. Нуриахметова Ю.М. Концептуальная структура английских глагольноNome combinações fraseáticas / Colecção de artigos científicos "Descrição comunicativa e funcional da linguagem". Ufa, BashSU, 2005.
71. Nuriakhmetova Y.M. Significado Fraseomático e o seu significado conceptual

организация (на материале английских nomes-verbais de combinações fraseomáticas) // Boletim da Universidade de Bashkir. Ufa: RIC BashSU, 2008. - №2. - С. 293-295.

72. Нуриахметова Ю.М. Сопоставление característica-cognitiva Potenciais combinações de palavras em inglês e as suas correlações russas no Dicionário Russo de Oxford // Boletim da Universidade de Bashkir. Ufa: RIC BashSU, 2008. - №3. - С. 566-567.

73. Нуриахметова Ю.М. Лексикографическое представление функционально-когнитивного потенциала английских nomes-verbais frases em dicionários explicativos em inglês e inglês-russo. - Dis. ... ...cand. phil. - Ufa, 2008.

74. Popova, Z.D. Espaço linguístico semântico como categoria de linguística cognitiva (em russo) // Vestnik VSU. Série 1. Humanidades. 1996, №2., c. 64-68.

75. Popova Z.D., Sternin I.A. Ensaios sobre lingüística cognitiva. - Voronezh: Izd voronezh. Un-ta, 2002.

76. Richard J.F. Actividade mental. Compreensão, Discussão, Encontrar Soluções.

77. Рудакова Л.С. Конверсные соотношения между глаголом и глагольно-combinação de nomes em inglês: Author's thesis .cand. philology. - M.-M.: 1980.

78. Rudenko S.A. Frazeo-lexical verbo paradigma em inglês moderno: Resumo de uma tese ... ... cand. phil. das ciências. - M., 1981.

79. Ryabtseva, N.K. "Pergunta": valor prototípico do conceito // Análise da linguagem lógica: Conceitos culturais. - Moscovo; Nauka, 1991.

80. Sepir E. Obras seleccionadas sobre lingüística e estudos culturais. M.: 1993.

81. Smirnitsky A.I. À pergunta sobre a palavra (O problema das "palavras separadas"). - M., 1952.

82. Lexicologia A.I. Smirnytsky de Inglês. - M.: Lit. in. in. ulcer, 1956.

83. Stepanov Yu.S. Linguagem e método: à filosofia moderna da linguagem. - M.: 1998.

84. Telia V.N. fraseologia russa. Aspectos semânticos, pragmáticos e lingvoculturais. - Moscovo: Escola "Línguas da Cultura Russa", 1996.

85. Uralova L.A. Experiência de pesquisa de estabilidade de combinações

fraseomáticas: Autoref. dis. Cand. phil. das ciências. - M.: 1979.

86. Fomina M.I. Língua Russa Moderna. Lexicologia. - M.,1983.

87. Cherdantseva T.Z. Idiomatics and Culture// Enquetes Linguísticas 1996.- №1- p.58-66.

88. Шанский Н.М. Lexicologia do russo moderno. M.:Prosv., 1972.

89. Щерба Л.В. Восточно-лужицкое наречие: Оттиск из записок историкоdo facto filológico da Unta Petrogrado. - Petrogrado, 1915. - T. I, XXIV.

90. Shcherba, L.V. Experiência da teoria geral da lexicografia// Shcherba, L.V. Sistema linguístico e actividade da fala. - Л.., 1974.

91. Shcherba, L.V. Prefácio ao Grande Dicionário Russo-Francês// Sistema linguístico e actividade da fala. - Moscovo: Ciência, 1974.

92. Bally Ch. Precis de stylistique. - Geneve, 1905.

93. Felix S.W., Kanngiesser S., Rickheit G. 1990 - Prefácio / Linguagem e Conhecimento: Estudos em Linguística Cognitiva. - Opladen: Westdeutscher Verlag, 1990. pp. 1-3.

94. Jakendoff R. Semântica conceitual // U.Eco. M. Santambrogio,p. Violi. Bloomington, 1988. -81p.

95. Linguistic encyclopedic dictionary / Ed. by V.N. Yartseva, - Moscow: Sov. Encyclopedia, 1990. - 685 c.

96. Longman Dictionary of Contemporary English, The Pitman Press, 2001.

97. Novo Webster's Dictionary of the English Language / Delhi, 1989.

Printed by Books on Demand GmbH, Norderstedt / Germany